MARS 1871

LETTRE A M. THIERS

SUR LA

DÉCENTRALISATION POLITIQUE

PAR

ALFRED ESPARBIÉ

Vendu au Profit des Blessés de l'Armée du Nord

PRIX : 1 FR.

LILLE
L. QUARRÉ, LIBRAIRE-ÉDITEUR
Grande-Place, 64

LETTRE A M. THIERS

SUR LA

DÉCENTRALISATION POLITIQUE

I

Lille, le 8 Mars 1871.

Monsieur,

Ce n'est pas au chef du pouvoir exécutif que j'ai l'honneur d'adresser les réflexions qui suivent. Ce n'est pas non plus de la politique actuelle que je me propose de vous entretenir. Vous trouveriez au moins inutile, pour ne rien dire de plus, que je me permisse de vous donner directement mon avis sur une situation que vous connaissez mieux que personne, et que, mieux que personne, vous seul peut-être en ce moment pouvez conduire à bien.

Ce n'est point là le sujet de ma lettre.

Par suite d'événements dont l'appréciation ne pourra être sincèrement et justement écrite que lorsque le temps aura amorti les passions de la foule et les ressentiments personnels, la France a été conduite une fois encore à deux doigts de sa perte. Des malheurs sans nombre sont venus l'accabler et aujourd'hui les circonstances vous imposent un devoir auquel votre patriotisme vous a empêché de vous soustraire. En acceptant la tâche douloureuse de conclure la paix, dans des conditions depuis longtemps prévues et maudites, vous vous êtes montré, Monsieur, un grand citoyen. Vous avez conquis votre place parmi les hommes dont les nations honorent la mémoire ; vous avez couronné, par un acte de dévouement à votre patrie, une carrière illustre dont la postérité oubliera les faiblesses en faveur de ce que vous faites aujourd'hui.

Mais encore une fois ce n'est pas de cela qu'il s'agit ici et si vous me le permettez je vais entrer immédiatement dans l'examen de la grave question que j'ose soumettre à votre jugement.

Vous n'ignorez pas, Monsieur, que dans l'ordre moral et politique, de même que dans l'ordre physique, les périodes de convulsions et de troubles donnent naturellement naissance à tout ce qui s'écarte de l'harmonie générale dont le créateur a fait l'état normal du monde. Un orage fait sortir de terre des vapeurs malsaines ; une révolution met au jour des projets, des idées, des utopies contre lesquelles la société ne saurait trop se défendre, en France surtout.

C'est ce qui arrive aujourd'hui.

Depuis quelque temps il se produit dans le Nord comme ailleurs une pensée que déjà on cherche à convertir en fait accompli. Des hommes dont je suis loin de suspecter les intentions mais que je crois entraînés par une fausse appréciation des choses et de l'avenir, cherchent, avec la meilleure foi du monde, à échapper aux dangers qu'ils prévoient et à assurer contre les éventualités révolutionnaires l'état social que, pour votre part, vous allez contribuer à fonder en France.

La pensée de prévenir le mal futur, quelle que soit la forme du gouvernement qui va résulter de la crise actuelle, est sans contredit excellente, et je serais tenté de m'y associer de toute la force de mes sentiments patriotiques. Malheureusement le remède que l'on nous propose est pire cent fois que le mal, et c'est ce que je me propose de démontrer dans cet écrit.

Ce remède, Monsieur, vous devez le savoir déjà sans doute, n'est autre que la DÉCENTRALISATION POLITIQUE.

Vous devez croire, Monsieur, que si cette lettre que je prends la liberté d'adresser à l'historien de la RÉVOLUTION et du CONSULAT ET DE L'EMPIRE, ne devait aller qu'à vous seul, je ne me serais pas permis de vous déranger pour vous instruire d'un état de choses que vous devez connaître beaucoup mieux que moi et vous signaler des dangers et des écueils dont il me semble, d'après vos écrits, que vous devez être pénétré.

Mais je parle en même temps à mes chers concitoyens du Nord qui sont aussi un peu les vôtres, malgré votre naissance méridionale, et je me crois obligé de chercher à détruire bien des préjugés, bien des erreurs que je vois se répandre et s'enraciner dans notre pays.

En un mot, il se produit en ce moment un très vif mouvement décentralisateur. Et non-seulement il se produit dans les esprits que je considère comme les meilleurs et animés d'un judicieux et sincère sentiment de conservation, mais on peut déjà en constater la présence dans la presse. C'est dire que l'opinion se trouve saisie de la question et que le moment est venu de la discuter.

Toutefois, cette grave et vitale question de la Décentralisation politique se présente comme toutes les choses, à leur commencement, sous l'apparence la plus modeste, et, au premier coup d'œil, de l'exécution la plus facile.

Il s'agit tout simplement de la translation de l'Assemblée nationale, Corps législatif ou Chambre des députés, dans une ville de province. Et comme on voit la chose sous l'aspect le plus facile, on se borne à désirer que la réunion des représentants du pays soit transférée soit à Versailles, soit à Fontainebleau, soit même un peu plus loin, à Rouen, par exemple.

Certes et au premier abord le projet semble offrir de grands avantages et les arguments ne manquent, pas en sa faveur.

En effet, Monsieur, quel exemple, quelles leçons l'histoire du siècle qui finit en ce moment nous offre-t-elle ? En me bornant à un très-rapide coup d'œil, je puis résumer le raisonnement des promoteurs de cette mesure et condenser en quelques lignes leur argumentation.

Que voyons-nous depuis 89, disent-ils ? Passons sur la période proprement dite révolutionnaire. Depuis le Jeu de Paume envahi au nom du roi par le marquis de Dreux-Brézé jusqu'au Conseil des Cinq Cents envahi par Bonaparte au nom du salut de la patrie, l'histoire de nos assemblées n'en est, pour ainsi dire, que le martyrologe. L'Assemblée constituante, la Législative et surtout la Convention ne furent à proprement parler que des réunions publiques, soumises à l'action directe et toujours menaçante de l'émeute, ayant rarement pu délibérer et légiférer en dehors de l'action dissolvante des partis, et, dans les circonstances importantes, s'étant trouvées dans la nécessité de laisser prendre à l'élément révolutionnaire une action, hélas ! prépondérante qui a laissé une marque ineffaçable dans notre législation et dans nos mœurs politiques.

Ne nous arrêtons pas sur cette période si profondément agitée et pendant laquelle il était d'autant plus malaisé de prendre aucune mesure conservatrice sérieuse que c'était le commencement d'un régime vraiment nouveau, pour la pratique duquel l'expérience faisait défaut à la plupart des hommes politiques d'alors.

Mais, ajoute-t-on, qu'avous-nous vu depuis ?

Parlerons-nous de cette malheureuse Chambre de 1815, conduite et trompée par Fouché et qui n'a pas eu un seul jour la liberté de son jugement ?

Citerons-nous la révolution de 1830, que la Chambre n'a pu empêcher parce qu'elle se trouvait placée sous l'action directe de la rue ?

Citerons-nous la Révolution de 1848, accomplie seulement parce que la Chambre a été envahie et parce que les députés ont été dispersés ?

Citerons-nous, pendant la seconde République, les envahissements successifs des Assemblées nationales au 15 mars, en avril, aux journées de juin ?

Citerons-nous le 2 décembre, qui n'a pu être fait que parce qu'on a pu s'emparer des députés présents à Paris ?

Citerons-nous enfin le 4 septembre, qui certes

n'aurait pas eu lieu si l'élément révolutionnaire avait été dans l'impossibilité de s'emparer du Corps législatif ?

Ce sont là des faits qu'il faut se rappeler sans cesse et qu'il faut prévenir dès aujourd'hui parce que du jour où il sera impossible aux émeutiers parisiens de s'emparer des députés de la province le gouvernement existera en dépit de l'émeute et pourra maintenir le Pouvoir issu de la volonté nationale.

Quant aux objections qui tout d'abord se présentant à l'esprit, on en fait bon marché et elles pèsent bien peu dans la balance avec laquelle les décentralisateurs actuels mesurent nos destinées.

Et, de fait, ces premières objections sont de peu de poids ou tout au moins d'un ordre secondaire.

Il est clair que l'adoption en principe du séjour de l'Assemblée française dans une localité autre que Paris, entraîne, dans la pratique, des inconvénients desquels on paraît tenir peu de compte.

Si, disais-je à un décentralisateur de beaucoup d'esprit qui me traçait le tableau le plus flatteur de notre avenir après le transfert de la Chambre à Versailles, si la Chambre quitte Paris ne pensez-vous pas qu'elle doit obligatoirement entraîner après elle certaincs de nos administrations, par exemple les ministères ?

Comment, en effet, établir entre les discussions législatives et les ministres les communications rapides, sûres qui sont nécessaires pour élucider les débats de la Cambre et leur fournir les éléments indispensables aux solutions qu'ils ont pour objet de produire ?

Comment, d'un autre côté, sera-t-il possible, à supposer que nous vivions sous un régime monarchique parlementaire, que les ministres puissent aisément et promptement communiquer au chef de l'État les incidents importants qui s'élèvent dans l'étude parlementaire des grandes questions si ce chef de l'État loge aux Tuileries et si les débats des Chambres ont lieu à Versailles ou à Rouen ?

Que direz-vous également aux ambassadeurs qui voudront assister aux séances des Assemblées non point en oisifs littéraires, mais en envoyés de leurs gouvernements, et dont les ministres, les souverains attendent avec impatience les communications télégraphiques ?

On pourrait répondre d'abord que nous pouvons vivre en république et que le chef de l'Etat, simple président du Pouvoir exécutif, suivrait l'Assemblée à Versailles ou à Rouen ;

Ensuite, que les ambassadeurs pourraient faire de même. D'accord ; mais dans ce cas ne faudrait-il pas transporter hors de Paris les postes, les télégraphes, les ministères, les ambassades ?

Vous voyez tout d'abord où cela conduit. C'est

tout un monde à remuer, à déplacer, à installer avec des frais immenses. Et, d'un autre côté, n'est-ce pas établir ailleurs cette même centralisation contre laquelle on s'élève aujourd'hui ?

Sans doute, dit-on ; mais en transportant le gouvernement tout entier à Versailles ou ailleurs on le soustrait à l'action des démagogues de Paris et le but est atteint.

Ceci nous amène au véritable point de la question et il convient de l'examiner avec soin.

II

Croyez-vous, Monsieur, que l'éloignement de l'Assemblée du centre parisien pourra réellement mettre la France à l'abri des coups de rue dont elle se plaint avec trop de raison, aussi bien que des coups d'État qui, dans leurs résultats du moins, sont beaucoup plus justifiables ?

Examinons la question de près, en hommes pratiques et sensés, et en dehors des déclamations et des ambitions particulières.

Je suppose que l'Assemblée, le Pouvoir exécutif, les ministères, etc., etc., enfin le gros du gouvernement, sont installés et fonctionnent tant bien que mal à Versailles.

Une question surgit qui passionne les esprits. Il s'agit d'un article 14 à réformer, ou bien encore d'une question d'adjonction de capacités, ou bien d'une guerre à déclarer à une grande puissance. Il s'agit surtout du renversement d'un ministère qui menace de s'éterniser au Pouvoir, et d'ambitions à satisfaire comme toujours.

Les débats de l'Assemblée, irrités, violents, ont un retentissement éclatant dans tout le pays. Dans les villes, la partie ardente des populations, excitée par une presse enflammée et docile aux mots d'ordre partis de Paris, se demande comme toujours si l'on va laisser debout des ministres corrupteurs et incapables qui, en déshonorant la France, la conduisent à sa ruine.

Je n'ai pas besoin d'insister sur ces arguments. Vous les connaissez pour les avoir entendus bien des fois dans votre longue carrière : je n'ose pas dire pour les avoir pratiqués.

Une agitation fébrile s'empare de Paris. Des groupes se forment. L'ordre est troublé. Naturellement on commence à insulter et à frapper la police. L'action de la force publique devient nécessaire.

Mais il se produit alors et dans des conditions infiniment plus favorables à l'émeute, ce que nous avons pu observer tant de fois.

Un général amoureux de la popularité hésite devant la répression. Il est attaqué et ne se défend pas. Il a ordre de protéger l'Hôtel-de-Ville, car il n'y a plus d'Assemblée, et il ne défend pas l'Hôtel-de-Ville. Et après deux ou trois journées de batailles de rues, l'antique maison municipale devient la proie de l'insurrection.

Passons les détails; ils sont trop connus. Dans le cas particulier qui nous occupe que doit-il fatalement arriver?

Vous connaissez trop, Monsieur, les hommes politiques de notre temps pour hésiter un seul instant sur ce qu'ils pourront faire.

Il est évident pour vous comme pour moi que l'émeute s'est faite surtout sous l'impulsion des membres de la Chambre formant ce qu'on appelle LA MONTAGNE. Or, aussitôt que l'émeute aura triomphé, LA MONTAGNE viendra se mettre à sa tête, car l'émeute n'aura été faite que pour cela.

Vous verrez accourir de Versailles une centaine de députés qui s'installeront à l'Hôtel-de-Ville, s'empareront des SUCCURSALES des postes et télégraphes restées à Paris, et, datant de la Commune leurs décrets ordinaires, enverront à la France révolutionnaire leurs ordres toujours attendus et toujours obéis.

A ces députés se joindront, n'en doutez pas, un certain nombre de membres du centre gauche, petits maîtres Jacques de la politique, prêts à tout faire, sous quelque régime que ce soit, afin de se voir un jour avec un portefeuille sous le bras.

En vue de ménager un concours si précieux, la démagogie affectera des allures modérées auxquelles, comme toujours, la population se laissera prendre.

Sans doute, me dira-t-on, tout cela est fort exact, et

ce tableau très abrégé est un portrait fidèle du passé. Or, comme c'est justement de ce passé que nous avons voulu prévenir le retour, nous possédons le remède. L'Assemblée, le Pouvoir exécutif sont à Versailles où l'émeute ne saurait les atteindre et de là ils commandent à la province au nom de la province elle-même ; les administrations obéissent ; l'ordre est observé partout et quant à Paris, pour nous servir d'une expression célèbre, « on le laisse cuire dans son jus ! »

Vraiment ! c'est aussi facile que cela ! Je ne m'en serais pas douté.

Mais examinons un peu.

Le gouvernement de Versailles dicte ses lois, et ses préfets, ses généraux doivent obéir. En théorie, rien n'est plus simple. La pratique nous révèle quelques difficultés.

Si le gouvernement de Versailles transmet des ordres, il est certain qu'à Paris il s'est formé un pouvoir qui en envoie de son côté. Or, voici la situation à laquelle on aboutit.

Presque toutes les grandes villes ont le bonheur de posséder une certaine population composée d'éléments révolutionnaires, donnant en tout temps la main aux démagogues de Paris. Cette population, très nombreuse dans quelques grands centres tels que Lyon, Marseille, Toulouse, et aussi très violente, domine également dans des villes telles que Nantes, Rouen, Lille, et de là rayonne dans des localités moins importantes comme la plupart des villes de second ordre du Midi.

Supposons la chose la plus naturelle. Le Pouvoir révolutionnaire de Paris nomme des préfets et des généraux dans ces grands centres. Il les envoie munis d'instructions que nous connaissons. Ces MISSI DOMINICI d'un nouveau genre. constituent des pouvoirs révolutionnaires à côté des pouvoirs légaux. En présence de ce qui a toujours été fait, en présence des collisions toujours menaçantes, qui donc oserait prétendre que le Pouvoir légal l'emportera ?

Ne vous souvenez-vous point du rôle constamment joué par la garde nationale? Oseriez-vous affirmer qu'une grande partie de la population appelée « la petite bourgeoisie » ne se prêtera pas aux desseins des révolutionnaires? Personne ignore-t-il que dans des cas pareils à ceux que j'indique ici, la grande bourgeoisie s'abstient de tout concours moral et matériel? Mais, dira-t-on, on aura la troupe ! Hélas ! la troupe est dévouée, vaillante et animée d'excellents sentiments, mais ici encore n'a-t-on pas à constater depuis vingt ou trente ans l'action dissolvante de la presse? Aujourd'hui le soldat obéit-il pour ainsi dire aveuglément? Et surtout dans les questions d'ordre intérieur ne l'a-t-on pas vu céder la place à des gens qui s'emparaient de ses armes en criant : « Vive la ligne ! »

On me dira qu'il lui suffit d'être bien commandé.

J'en demeure d'accord. Mais quand avez-vous vu des troupes bien commandées ? Est-ce en 1848 ? Est-ce pendant les émeutes de la période républicaine ? Est-ce au 4 septembre ? On me répondra par les journées de juin! Oui, sans doute. On objectera que dans d'autres circonstances les troupes n'ont pas hésité. C'est vrai. Mais alors nous sortons de la question qui nous occupe, qui est celle du salut du pays par le séjour de l'Assemblée hors Paris, et nous rentrons dans l'ordre d'idées qui formera la conclusion de cette lettre.

Maintenant supposons que quelques-unes des grandes villes adoptent le gouvernement de Paris, il s'établirait aussitôt en France un antagonisme d'où surgirait un chaos abominable.

Supposons que toutes les grandes villes subissent le joug de Paris ; les campagnes qui sont, et c'est leur honneur, très-sérieusement conservatrices, se soulèvent contre les villes. Dès lors, on n'a abouti qu'à installer la guerre civile en France avec tous ses désastres, toutes ses horreurs.

Et qu'on ne me dise pas que ce tableau est chargé et que je me laisse aller à une peinture de fantaisie. Le passé est là qui nous montre l'avenir. Les faits ne seront pas les mêmes quant aux procédés et à la manière de se produire ; ils différeront par mille circonstances ; ils auront un caractère particulier d'horreur ; ils nous imposeront des désastres jusqu'ici inconnus. Au fond, ce sera la révolution ; une nouvelle incarnation de la révolution. Rien de plus, rien de moins.

Et, dans ce cas, il est facile de prévoir la douloureuse réalisation de résultats que nous avons évités jusqu'à présent : l'affaiblissement définitif de la nationalité française et peut-être son démembrement si, comme les circonstances actuelles peuvent le faire prévoir, quelque puissance étrangère, l'Allemagne par exemple, se mêle de la partie sous le premier prétexte venu.

Je pourrais, Monsieur, charger le tableau, en forcer les couleurs et m'essayer, comme on dit, à faire du style. Le sujet y prête ; il n'en est pas qui puisse nous attacher davantage. Mais je dois me borner à tracer ma pensée et à présenter purement et simplement ce que je crois être la vérité. Or, cette vérité est assez terrible pour pouvoir se passer de vaines déclamations dont elle n'a que faire. L'éventualité dont je parle est, à coup sûr, de celles qu'il est permis de prévoir et contre la réalisation desquelles un grand peuple doit se prémunir avant tout. Si de tels dangers sollicitent toute l'attention, toute la surveillance dont les grands esprits sont capables, ils suffisent à justifier bien des mesures, à expliquer des faits du caractère le plus important tels que le choix d'une forme de gouvernement. Ils donnent, à ceux qui les étudient dans le passé et les prévoient dans l'avenir, la clef de la conduite de certains hommes et des principes de certains gouvernements.

Eh bien, ces faits dont notre histoire fourmille, ces plaies qu'elle étale à nos yeux et que je parais redouter par-dessus tout, ne sont rien cependant auprès de ceux que je me propose d'indiquer rapidement à votre attention.

La dissolution révolutionnaire du pays serait pour nous tous un affreux malheur. Nous l'avons vingt fois approchée ; nous l'avons pour ainsi dire touchée du doigt. La France a frémi en mille circonstances des conséquences de ses propres erreurs.

Eh bien ! cette dissolution, ces dangers, ces malheurs ne sont rien auprès de ceux qu'amènerait infailliblement pour notre patrie la simple mesure dont il est question, et qui aurait pour conséquence logique au lieu de la DISSOLUTION RÉVOLUTIONNAIRE, LA DISSOLUTION LÉGALE !

III

Maintenant, Monsieur, permettez-moi d'entrer dans le vif de mon sujet. Je veux essayer de démontrer à nos concitoyens ce que c'est que cette mesure de si peu d'importance en apparence et ce qui se cache derrière les vœux conservateurs qu'on exprime avec tant de bruit.

Lorsqu'une idée nouvelle, ou du moins étrangère aux discussions du moment, se produit dans le monde politique, il faut, avant d'en apprécier la valeur intrinsèque, voir d'où elle vient, quel parti la colporte et la prône, quels hommes la veulent appliquer. Ensuite il faut examiner quels intérêts particuliers elle est appelée à servir.

Certes on ne se méprendra point à ce que je dis ici. Je ne parle pas de misérables intérêts personnels. Je veux dire que lorsqu'un parti a une idée et la produit au grand jour, c'est en examinant les intérêts politiques de ce parti qu'il faut juger du caractère de l'idée qu'il veut appliquer et de ses conséquences quant aux destinées de la nation.

Certes nous savons à quoi nous en tenir sur ce que le parti socialiste appelle « LES IDÉES NOUVELLES. » Dans votre excellent livre DE LA PROPRIÉTÉ, en 1849, vous avez fait justice des utopies financières et sociales de la plupart des écoles du temps avec cette hauteur de bon sens, cette lucidité d'esprit, cette ampleur d'intelligence que le monde admire et dont la France profite. Les idées socialistes n'ont pas besoin d'être signées. Elles portent avec elles le cachet de la violence poussée par l'envie ; elles émanent de cette partie de la nation composée de déclassés, de vicieux, d'esprits faux ; elles s'adressent aux ignorants, qu'elles enflamment sans cesse et ne satisfont jamais, au grand détriment du repos et de la prospérité de la nation.

Avec votre bon sens impitoyable vous avez brisé

ces grossières idoles et vous n'avez pas eu besoin d'indiquer d'où elles venaient pour qu'on le devinât. Il en est de même de l'idée du transfert de la Chambre dans une ville de province, et je n'aurai pas à insister auprès d'un esprit comme le vôtre pour vous faire toucher du doigt le berceau de cette idée : c'est une idée légitimiste.

C'est là une vérité incontestable, que j'ai pu reconnaître par moi-même dans le département du Nord, et qui éclaire des plus vives lueurs toutes les pensées politiques qui s'agitent en ce moment derrière les événements actuels.

Oui, ce sont les légitimistes qui, les premiers et les seuls, ont prétendu qu'il fallait soustraire la France au joug de Paris, et que l'unique moyen pour cela était de transporter la Chambre en province.

Mais voyons un peu et suivons, en le prévoyant, en le dénonçant à l'avance, l'ordre d'idées que nous sentons déjà devoir se produire peu à peu.

J'ai cherché à faire comprendre au lecteur que la Chambre ne constituait après tout qu'une partie du gouvernement. Qu'elle-même pouvait se scinder en deux ou plusieurs fractions et que nous risquerions un beau jour de nous trouver avec trois ou quatre pouvoirs plus ou moins légaux, plus ou moins reconnus, mais tous affamés de leur propre existence, dévorés d'ambition et voulant être à tout prix.

Eh bien, que cette éventualité se produise dans quelques proportions que ce soit; qu'il y ait seulement un commencement d'exécution, que va-t-il arriver?

Vous le prévoyez, Monsieur, et bien mieux que moi sans doute.

Le parti légitimiste, qui déjà aura conquis une notable influence, suivi, cette fois, par la majorité de la classe conservatrice libérale, dira qu'il n'est plus possible de vivre ainsi; que le gouvernement actuel, de même que ceux précédents, a tout fait pour donner au peuple français toutes les satisfactions possibles; mais qu'en présence de l'esprit révolutionnaire qui l'anime, il y a lieu de proposer, d'adopter, de mettre immédiatement à exécution une série de mesures qu'il faut tout de suite indiquer.

D'abord on proposera d'abolir l'organisation départementale actuelle. Elle est une conséquence, un effet du principe de la centralisation, principe d'autant plus odieux qu'il a été porté à son plus haut point de grandeur par les Bonaparte. Il faut détruire les départements et naturellement en revenir aux provinces d'autrefois.

On sait, dira-t-on, combien ce régime a offert de sécurité au pays. Pendant dix siècles, la France a grandi à l'abri de ces institutions salutaires auxquelles elle va être obligée de revenir; c'est là le vrai, le définitif, le réel comme le glorieux et l'on couvrira du manteau fleurdelysé du roi Henri V tout ce qui se cache de haines, d'ambitions, d'espérances à assouvir sous la réforme projetée.

A coup sûr vous n'ignorez pas, Monsieur, ce qui

pourra se dire en pareil cas et vous connaissez assez l'esprit humain pour savoir quelle influence un pareil mouvement devra exercer.

Je ne vois aucun argument sérieux à opposer aux décentralisateurs du jour où on leur concède de transporter hors de Paris l'Assemblée nationale.

Pourquoi, diront-ils, le reste ne suivrait-il pas?

Et le reste suivant, pourquoi ne modifierait-on pas l'organisation actuelle selon les idées nouvelles et les besoins nouveaux.

Pourquoi pas les grandes provinces? Pourquoi pas les ducs de Bretagne, de Normandie, de Bourgogne? Pourquoi pas les comtes de Flandre au nord comme ceux de Provence au midi?

Pourquoi ne pas donner à nos sages populations des provinces des droits jusqu'ici tant et si vainement réclamés par elles?

Pourquoi les laisser sans cesse sous le coup du premier événement qui peut se produire à Paris?

Pourquoi Lille, Lyon, Rouen, Marseille seraient-elles moins propres à former de grands centres politiques que Paris même?

En quoi ces modifications, uniquement introduites dans un but conservateur, peuvent-elles inquiéter l'opinion?

Et d'ailleurs quelles craintes pourrait-on éprouver qui eussent le moindre fondement?

Sans doute il y aura quelques petites divergences dans quelques applications des lois nouvelles, dans l'adoption de coutumes inconnues et d'usages assez anciens pour qu'on les croie nouveaux. Mais il en doit résulter un si grand bien qu'il faut savoir endurer un petit mal.

Puisqu'il est question d'affaiblir l'action de la capitale, il n'est rien de plus logique que de créer d'autres capitales à côté, et puisqu'UNE France est un danger pour elle-même, il n'y a qu'à en constituer plusieurs.

Eh ! mon Dieu, diront toujours nos braves décentralisateurs, ne vous effrayez pas. Il ne s'agit ni de morcellement, ni de démembrement. La France reste toujours une, et ce grand corps gardera toujours cette vigueur et cette action que depuis tantôt cent ans l'Europe admire et redoute tour à tour. Ce que nous voulons c'est arracher de ses mains l'épée avec laquelle, aveugle et passionnée, elle se frappe elle-même.

Eh bien, Monsieur, moi qui suis un simple, un obscur citoyen ; moi qui ne suis rien, ni grand propriétaire, ni noble, ni fonctionnaire ; moi qui suis tout simplement un enfant du peuple et qui vis par mon travail, je ne veux pas que l'on change la France. Je ne veux pas qu'on la décentralise. Je ne veux pas que l'œuvre de 89, la vraie, la sainte, la glorieuse œuvre de 89 disparaisse en 1871 !

Ah ! on croit que les conservateurs d'aujourd'hui, parce qu'ils sont riches de leur travail, se laisseront voler sans résistance le vrai bien, le bien suprême que la révolution leur a acquis : l'ÉGALITÉ !

On croit que le peuple consentira jamais à se laisser ramener à un état d'infériorité morale et matérielle sous prétexte de recommencer les maîtrises, les jurandes et tous les bonheurs d'autrefois ?

Mais on a donc oublié tontes les règles de la logique ? On a donc oublié que la France actuelle, celle de 89, celle de Napoléon, celle même de la Restauration ne comporte plus de classes privilégiées et c'est cependant à cet état social que nous reviendrions fatalement, logiquement en vertu de la loi des engrenages dans lesquels passe le corps entier lorsque le doigt s'est trouvé engagé !

Monsieur, je suis très conservateur, et même de ceux qu'on se plaît à appeler « Bornes.» Je pense qu'en somme, depuis 1789, la France a développé dans la mesure du possible, du juste, du raisonnable, les principes pour la conquête desquels la révolution a été faite ; que les différentes lois édictées par les gouvernements qui se sont succédé depuis soixante-dix ans ont assuré au peuple, ou, pour mieux dire, à la nation, les biens précieux qui constituent son droit, sa dignité, sa prospérité ; que l'égalité civile est complète dans un pays où il n'y a plus, où il ne peut plus y avoir de classes privilégiées, et où, par le moyen du suffrage universel, le droit politique de chacun est assuré !

Je crois donc que, sauf des réformes de détail,

toujours nécessaires et toujours acceptables quand elles se révélent, notre pays est arrivé au meilleur état social et politique dont l'histoire nous offre les modèles. Et dans mon âme plébéïenne je sens des révoltes inconnues et invincibles à la seule pensée d'un retour à un régime dont les effets tendraient à me ravir les droits inaliénables que je tiens du seul fait de ma naissance et de mon titre de citoyen français.

Ainsi donc, et je crois ici parler comme le feraient tous nos concitoyens, soit du tiers, soit du peuple, ce qui, pour moi, est tout un, je repousse de toute l'énergie de mes sentiments civiques, une tentative qui aurait pour objet de faire entrer le pays dans une voie au bout de laquelle je redoute fatalement un retour aux priviléges et à un état social aboli à jamais.

Et qu'on ne vienne pas me dire que j'exagère, que je vais au-delà de la pensée des décentralisateurs et aussi au-delà de ce que pourrait permettre la nature des choses.

Monsieur, j'ai beaucoup réfléchi dans ma vie sur le caractère des hommes et je crois avoir saisi quelquefois les mobiles secrets de certains gros événements attribués par les historiens aux causes apparentes. Ne vous y trompez pas, l'histoire du VERRE D'EAU n'est pas aussi loin de la vérité ou du moins du vraisemblable qu'on le croit et vous l'avez vous-même démontré dans votre chef-d'œuvre, L'HISTOIRE DU CONSULAT ET DE L'EMPIRE.

Il ne faudrait donc point s'étonner que des

changements tels que ceux que je viens d'indiquer ne parussent, même à de bons esprits, que les conséquences logiques d'une pensée de salut national et les intérêts, les vanités, les ambitions aidant, on nous bâtirait un beau jour une France toute nouvelle qui ne serait rien moins que l'image frappante de la France ancienne dont 89 nous a débarrassés.

D'ailleurs, en y réfléchissant quelque peu, il y a lieu de s'étonner que ce soit le parti légitimiste qui s'empare de telles idées et en demande l'application.

Permettez-moi de rappeler quelques faits de notre histoire, et il me sera facile de démontrer ce que vous savez mille fois mieux que moi : c'est que la monarchie française a été constituée par ses rois justement dans une pensée absolument en opposition avec la pensée féodale, et que les légitimistes d'aujourd'hui sont simplement des aveugles ou bien des ambitieux, mais non point des légitimistes.

Je ne remonterai pas à Louis-le-Gros qui, le premier, fit une œuvre démocratique en affranchissant les communes. Certes, c'était encore quelque chose de bien obscur et de bien peu défini qui poussait ce monarque, on pourrait dire ce chef, à créer ainsi une force qui pût s'opposer à l'omnipotence, au despotisme, à la suprématie des grands vassaux de la couronne.

Mais cette pensée de l'abaissement des grands vassaux ne la voit-on pas se produire pendant toute la durée de la monarchie française et dominer la politique, les actes des grands hommes à qui nous devons d'être ce que nous sommes?

Que faisait donc Louis XI lorsqu'il détruisait la Ligue du bien public à la bataille de Montlhéry, et quelle idée le dominait dans sa guerre au duc de Bourgogne?

Quelle pensée guidait Catherine de Médicis lorsqu'elle écrasait les Guise et avec eux l'Espagne dont ils avaient sollicité le concours au prix du démembrement de la France?

Que voulait Henri IV et à quelle pensée a-t-il sacrifié ses convictions religieuses? Son but n'était-il pas la constitution d'une monarchie indépendante de la vassalité?

Qu'a fait Richelieu sinon continuer avec la rigueur de son caractère l'œuvre de la constitution monarchique française et par conséquent de la centralisation du pays?

Pourquoi Mazarin est-il, lui aussi, un grand homme sinon parce qu'il a repris, continué cette même pensée, complétée et arrivée enfin à sa parfaite, grandiose et glorieuse réalisation sous Louis XIV?

Il est vrai que jusqu'à présent il ne s'agit que du pouvoir royal. Il est très vrai que l'on peut me dire qu'il s'agissait uniquement d'une compétition de pouvoirs et que le premier des grands barons a voulu être le seul!

Cela prouverait déjà quelque chose en faveur de ma thèse centralisatrice, car ces premiers barons qu'on appelait les rois de France n'eussent jamais triomphé de leurs rivaux, s'ils ne s'étaient appuyés sur une idée juste, vraiment politique et confusément sentie par le peuple lui-même.

Mais l'œuvre par excellence de la Révolution de 89 n'a-t-elle pas été de développer ces principes en les appliquant au profit de la nation elles-même? La Convention a centralisé au nom du peuple ; elle a fait beaucoup de mal et beaucoup de bien. Puis est venu Napoléon qui, en balayant les ordures du Directoire, a repris pour le compte de l'idée monarchique l'application du principe de la centralisation. Seulement ce grand génie a, autant par intérêt populaire que par raisonnement politique, appliqué le principe en fusionnant dans la même pensée la monarchie et la nation, la couronne et le peuple.

Il a voulu une monarchie forte et une nation forte aussi, et s'il a créé une noblesse nouvelle, il n'a point établi de classes privilégiées. Ses nobles avaient des titres, des rubans, des fortunes gagnés sur les champs de bataille, aucun n'avait un seul droit dont ne jouit pas le plus obscur des Français.

Si ce que je viens de dire est vrai, et je ne crois pas que ce puisse être contesté, il en résulte que le principe de la centralisation est de ceux auxquels se rattachent essentiellement le principe démocratique sagement compris, la vie politique et la grandeur de notre patrie, sans qu'on lui puisse rien opposer de concluant ni de topique, surtout dans l'ordre d'idées où l'on paraît prêt à s'engager.

Si j'en crois les bruits qui nous parviennent au moment où j'écris ces lignes, on se prépare à envoyer l'Assemblée nationale de Bordeaux où, dit-on, il n'est pas possible qu'elle demeure, à Fontainebleau ou Versailles.

Permettez-moi de sourire, Monsieur, en voyant une réunion d'hommes graves chercher le salut d'une société aussi profondément ravagée que la nôtre, dans une mesure aussi puérile. Ah! il faut le dire bien haut, c'est en agissant ainsi, c'est en se montrant sous un tel jour, c'est en s'arrêtant à de telles combinaisons que les partis prêtent à rire en France et se déconsidèrent en s'affaiblissant.

Braves gens qui avez oublié les journées d'octobre à Versailles en 89, et celles de Rambouillet en 1830 et qui croyez avoir tout sauvé en vous réfugiant à Versailles, je ris en voyant d'ici votre figure le jour où l'émeute ira vous y chercher. Je voudrais bien savoir ce que vous direz aux trois mille coquins qui vous iront saisir au collet en plein parc de Versailles, dans les salons même du grand roi.

Vous me direz que vous avez des soldats et que vous vous défendrez. Alors ce n'est pas la peine de quitter Paris et il est plus simple que la première chose que vous jugiez utile de faire soit justement celle-là : se défendre !

Oui, Monsieur, toute la vérité moderne est là. C'est dans ce mot si simple, si banal que gît l'avenir du pays.

Il faut se défendre ! Rien de plus, mais rien de moins.

Remarquez que chaque fois que la société a voulu se défendre elle a vaincu l'émeute. Remarquez surtout que chaque fois qu'un gouvernement a paru vouloir se défendre, l'émeute ne s'est même pas produite.

Deux exemples :

De 1830 à 1836, toutes les émeutes sont repoussées et vaincues parce que le gouvernement et la société ont voulu se défendre.

En 1848, c'est-à-dire après 18 ans d'un régime qui a commencé à perdre l'esprit public par la liberté de la presse, une simple émeute renverse le gouvernement. Pourquoi ? Parce que le gouvernement ne s'est pas défendu et parce que les conservateurs, trop heureux, se laissent parvertir par la presse.

De 1852 à 1870, pendant une même période de dix-huit ans, pas une émeute !! Savez-vous pourquoi ?

Parce que le gouvernement avait, dans le public, la réputation d'être très dur aux émeutes et ensuite parce qu'il avait établi le seul régime rationnel et légitime en ce qui concerne la presse.

Que l'on médite ces deux exemples et l'on verra par où et de quel côté il faut chercher les remèdes au mal dont on est sans cesse menacé.

Je pourrais ajouter encore bien d'autres arguments à ceux que je viens d'exposer ici, mais ce serait allonger inutilement ces réflexions. J'en ai assez dit pour les gens de bonne foi qui veulent comprendre ; quant à ceux dont les opinions s'inspirent d'intérêts, des passions de partis ou même de points de vue personnels, je n'ai certes rien à leur apprendre. Ce sont les aveugles de l'Écriture.

Quant à vous, Monsieur, qui, à l'heure où j'ai l'honneur de vous adresser ces lignes, dirigez les destinées de mon pays, j'ose espérer que vous ne mentirez pas à vos écrits, à votre vie tout entière, en consentant à une mesure de la plus haute gravité, qui n'est, croyez-le bien, que le premier anneau d'une chaîne longue et lourde, que vous avez pu voir se dérouler il y a peu de jours à peine dans le journal l'Univers, sous la plume autorisée de M. Louis Veuillot.

Si c'est à cela que l'on veut revenir, si l'on veut nous donner plusieurs Frances au lieu de la France, eh bien, Monsieur, il faut le déclarer tout haut, et alors la nation s'insurgerait jusque dans ses profondeurs intimes et tout serait encore une fois remis en question au milieu des convulsions les plus violentes auxquelles le pays ait jamais assisté.

Cependant, et après tout cela, il faut conclure et ne point imiter ceux qui blâment sans cesse et ne donnent jamais un avis.

Ma conclusion est simple, Monsieur, et, pour peu qu'on y veuille réfléchir avec quelque sang-froid, on reconnaîtra qu'elle comporte la vraie, la meilleure, l'unique solution aux questions qui nous préoccupent.

Je demande tout simplement pour mon pays, sous quelque forme que ce soit, l'établissement d'un gouvernement fort, qui défende en même temps et l'ordre social et lui-même.

Ce pouvoir, issu uniquement du suffrage universel, sera à l'abri de toute revendication et puisera dans son origine, ABSOLUMENT LÉGALE, la force de résister à toute compétition politique, à toute attaque de quelque côté qu'elle se produise, et la France pourra espérer de voir enfin naître une ère de paix et de prospérité.

Cette paix, cette prospérité, il faut les attendre d'un gouvernement établi dans ces conditions et résolu à s'en prévaloir au profit du repos public. Croyez-le bien, Monsieur, c'est dans un tel pouvoir, c'est là seulement que pourra se trouver la force nécessaire au maintien de l'ordre et à l'œuvre de reconstitution politique et sociale dont la France a le plus urgent besoin.

Quant au transfert de l'Assemblée à Fontaainebleau ou ailleurs, je ne puis m'empêcher d'y voir, au contraire, une cause de plus d'affaiblissement dans notre état politique, et le germe de divisions qui seraient le prélude de la dissolution de la société française.

Je suis convaincu que votre patriotisme ne saurait admettre une telle éventualité, et c'est ce qui m'a encouragé, Monsieur, à vous adresser ces réflexions inspirées par un amour profond et sincère de mon pays.

A. ESPARBIÉ.

Typ. du MÉMORIAL DE LILLE, Delesalle.